10.-

Dieses Buch gehört:
_____
_____
_____

Meine Adresse ist:

Hier siehst du das "Impressum" dieses Buches. Darin steht, wer das Buch gemacht hat und in welchem Jahr. Jedes Buch hat vorne oder hinten ein Impressum.

ISBN 3-8212-1257-8
Copyright © 1993 XENOS
Verlagsgesellschaft mbH,
Am Hehsel 40, 22339 Hamburg
Konzept und Satz: Olaf Hille Verlag GmbH
Repro: Dahmer & Dörner Reprotechnik
Printed in Slovakia

Mein erstes Buch zum Spielen und Lernen

Text: Eva-Maria von Nerling
Illustrationen: Antonio Cerbian

XENOS

Das sind wir: Robin, fünf Jahre, und Anna, sieben Jahre alt.

Und das ist unser Hund Rudolf.

Das sind unsere Eltern:
Susanne und Joachim.

Oma und Opa sind Muttis Eltern
und heißen Frida und Adam Gildenstern.

INHALT

Mit Anna und Robin
durch den Alltag
13

Mit Anna und Robin
durch den Verkehr
35

Mit Anna und Robin
beim Einkaufen
57

Mit Anna und Robin
durch das Jahr
79

INHALT

Mit Anna und Robin
beim Waldspaziergang
101

Mit Anna und Robin
auf dem Bauernhof
123

Mit Anna und Robin
in den Urlaub
145

Mit Anna und Robin
in den Zoo
167

Mit Anna und Robin durch den Alltag

Wir wohnen in einem kleinen Haus in der Heinestraße. Möchtest du den Alltag mit uns erleben? Dann sei einen Tag lang bei uns zu Besuch!

halb sieben

Es ist halb sieben Uhr. Der Wecker hat eben geläutet. Schlafen denn noch alle? Nein, da brennt schon Licht.

Nicht wieder einschlafen! Sonst kommen wir zu spät zur Schule.

fünf nach sieben

Vati und Mutti sind schon in der Küche und machen Frühstück für die ganze Familie und Schulbrote für die Kinder.

viertel nach sieben

Robin planscht im Bad und trödelt ein bißchen. Anna ist schon halb angezogen und putzt ihre Zähne.

halb acht

Nun sitzt die ganze Familie am Frühstückstisch.
Anna mag ihr Brötchen am liebsten mit Honig.
Robin ißt lieber Schinken.

zehn vor acht

Der Bus hält nicht lange! Jetzt aber schnell!

neun Uhr

Dies ist die Klasse von Anna. Ihre Lehrerin ist sehr nett. Robin geht in die Vorschule.

Heute spielen wir "ABC". Jedes Kind denkt sich eine Sache mit einem anderen Anfangsbuchstaben aus.
Findest du das richtige Bild zu jedem Wort? Sicher!

Aa
Affe
Apfel

Bb
Ball
Brot

Cc
Chamäleon
Christbaum

Dd
Dach
Dose

Ee
Ente
Engel

Ff
Fahne
Fisch

Gg
Gans
Gürtel

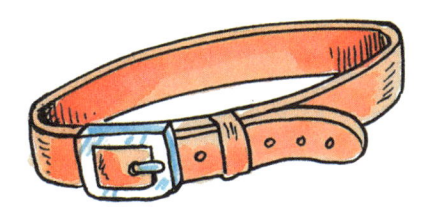

Hh
Hund
Hand

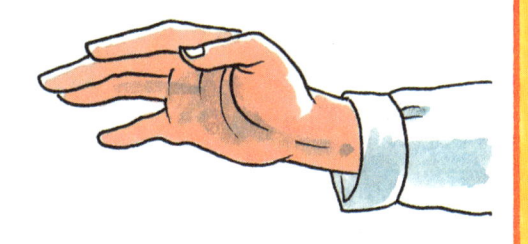

Ii
Inder
Insel

Jj
Jäger
Jacke

K k

Krone
Kessel

L l

Lamm
Lampe

M m

Maus
Mütze

N n

Neun
Nuß

O o

Olive
Ohr

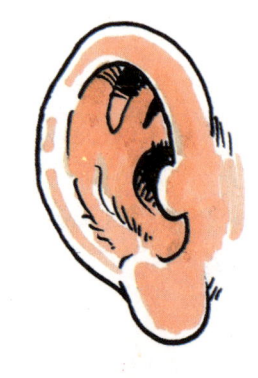

Pp

Pfeil
Papagei

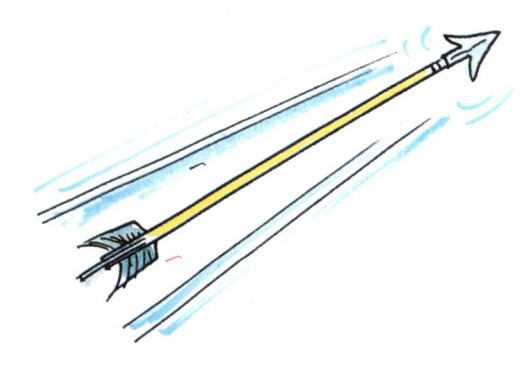

Qq

Qualle
Quelle

Rr

Ring
Rose

Ss

Schaufel
Schneemann

Tt

Teddybär
Traube

Uu
Uhu
Uhr

Vv
Vase
Ventilator

Ww
Wal
Wanne

Xx
Xeres
Xylophon

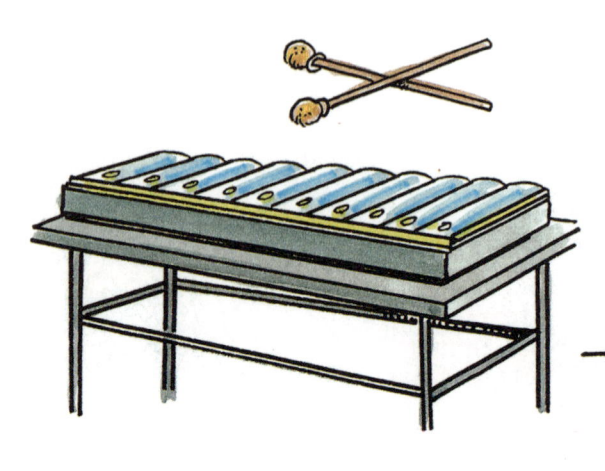

Yy

Yacht
Yak

Zz

Zebra
Zaun

Bei "**X**" und "**Y**" haben die Kinder sehr lange nachgedacht. Fällt dir dazu noch etwas ein? **X**enia und **Y**asemin wissen noch mehr Wörter mit "**X**" und "**Y**" aus dem Griechischen und dem Türkischen.

halb zwölf

Die Schule ist zu Ende. Anna holt ihren kleinen Bruder aus der Vorschule ab. Robin hat ein neues Lied gelernt. Er singt es Anna auf dem Weg vor.

viertel nach eins

Weil die Mutti arbeitet, essen die Kinder mittags bei Oma. Sie hilft Anna auch bei den Schularbeiten.

zwei Uhr

Opa geht mit Robin zum Spielplatz im Park. "Mein Opa spielt dann auch", sagt Robin. Das glaubten ihm seine Freunde nicht. Aber es stimmt: Opa spielt Schach mit den großen Figuren.

halb vier

Am Nachmittag geht Anna zur Klavierstunde. Ihre Musiklehrerin hat viele Instrumente: Geige, Flöte, Bandoneon, Gitarre, Cello. Erkennst du sie?

EINE KLEINE UHRENGESCHICHTE

Auf dem Spaziergang durch den Park kommen Robin und Opa an der Sonnenuhr vorbei.

Die Sonnenuhr zeigt mit dem Schatten die Zeit an. Du kannst dir auch eine bauen! Vielleicht helfen dir deine Eltern dabei.

Wenn Anna Klavier spielt, tickt ein Metronom, das ihr den Takt angibt.

Ein Stundenglas ist eine Sanduhr. Wenn der Sand nach unten gelaufen ist, dreht man sie wieder um.

Früher hatten die Menschen keine Armbanduhr. Damals schlug eine Glocke auf dem Turm die Stunden.

Um rechtzeitig aufzuwachen, stellst du den Wecker. Dieser hier hat eine Digitalanzeige.

16:30

halb fünf

Die Mutti holt die Kinder ab. Aber erst trinkt sie mit Oma Kaffee. Die Kinder spielen solange noch mit Omas Katze.

viertel nach fünf

17:15

Vati ist schon zu Hause. Er sitzt am Computer. Rudolf liegt auf seinen Füßen.

halb sechs

Rudolf springt der Mutti entgegen. Er ist glücklich, daß sie nach Hause kommt. Robin geht mit Rudolf raus. "Aber nicht lange!" sagt die Mutti, "wenn es dunkel wird, komm bitte gleich herein!"

sieben Uhr

Beim Abendbrot will Robin sein neues Lied vorsingen. "Aber nicht mit vollem Mund!", sagt Mutti.

19:30 halb acht

Anna spielt ihren Eltern vor, was sie gelernt hat. Sie ist stolz, weil Vati sagt: "Das hast du aber gut gemacht!"

19:45 viertel vor acht

"Robin! Schnell ins Bett!" ruft die Mutti. Er zieht rasch den Schlafanzug an, putzt die Zähne und kommt, um Gute Nacht zu sagen.

20:30 halb neun

Nun kommt auch Anna und zieht sich aus und geht schlafen.

21:45 viertel vor zehn

Die Eltern sitzen im Wohnzimmer. Vati schaut noch mal nach den Kindern. Robin hat seine Decke abgeworfen, Vati deckt ihn wieder zu.

WELTZEIT

Es ist nicht überall auf der Welt gleich spät. Auf der einen Seite der Erde ist es Abend, wenn es auf der anderen Seite Morgen ist.

zehn Uhr abends

ein Uhr mittags

Bei uns ist es zehn Uhr abends. Wenn Vati jetzt seine Cousine in Amerika anruft, sitzt sie gerade beim Mittagessen.

23:45 viertel vor zwölf

Nun liegt das Haus dunkel da, und alle sind zur Ruhe gegangen. Wir sagen euch: "Tschüß – bis zum nächsten Mal!"

Mit Anna und Robin durch den Verkehr

Wenn die Mutti Robin und Anna
zur Schule bringt, oder wenn Robin
mit seinem Freund zum Spielplatz geht,
oder wenn die Kinder mit dem Bus zur Oma fahren –
immer müssen sie durch den Straßenverkehr.

Anna hat schon einmal in der Schule Verkehrsunterricht gehabt. Sie erzählt Robin, dem Vater und uns jetzt, was sie schon weiß.

Auf einem Spaziergang mit Robin und Vater erklärt Anna ihrem Bruder die Ampel.
"Siehst du, Robin", sagt sie, "wenn die Ampel rot ist und das kleine Männchen steht, dann müssen wir auch stehenbleiben und warten."

"Wir dürfen erst losgehen, wenn das grüne, gehende Männchen erscheint. Auf keinen Fall früher."

"Das ist richtig", sagt der Vater, "und man soll nicht plötzlich loslaufen, sondern in Ruhe über die Straße gehen."

"Und achtet auf die Abbieger, die genau dann losfahren, wenn ihr grün habt. Die müssen blinken und für euch halten."

"Wenn ihr aus der Straßenbahn steigt, dürft ihr nicht den Autoverkehr neben der Bahn vergessen."

REISEN IN FRÜHEREN ZEITEN

Die ersten Menschen mußten auf eigenen Füßen vorankommen. Aber schon vor Tausenden von Jahren begannen die Menschen, Tiere zu zähmen, um auf ihnen zu reiten oder sich und ihre Sachen von ihnen ziehen zu lassen.

Man kann auf Pferden, Büffeln oder Kamelen reiten. Man kann sie auch als Lasttiere verwenden.

Man kann von all diesen Tieren Wagen oder Schlitten ziehen lassen.
Auch Hunde können Schlitten ziehen.

Lange Zeit war Reiten und Fahren ein Vorrecht der reichen und vornehmen Leute.

Vor 200 Jahren kam James Watt auf die Idee, die Kraft von Dampf zu nutzen.
Und vor 160 Jahren fuhren die ersten Eisenbahnen, von Dampfmaschinen angetrieben.

Dann wurde das Fahrrad entwickelt.

Um das Jahr 1870 herum sah man die ersten Autos.

Ab 1903 gab es die ersten geglückten Versuche mit Flugzeugen.

"Wir fahren oft mit dem Bus, da sehe ich gerne aus dem Fenster. Alte Leute lasse ich immer auf meinen Platz", erzählt Anna.

"Unter der Erde fährt die U-Bahn. Sie kann viele Leute auf einmal mitnehmen. Sie bleibt auch nicht im Stau stecken. Aber unter der Erde ist es sehr langweilig, aus dem Fenster zu sehen."

"Die großen Kinder in meiner Schule fahren immer mit dem Rad. Es braucht kein Benzin, hat keine Abgase und nimmt wenig Platz weg."

"Mit der Straßenbahn fahre ich gerne, wenn ich bei meiner Tante in Potsdam bin."

"Wenn ich sie besuchen will, fahren Mutti und ich mit der Eisenbahn. Da kann man spielen und schlafen, und auch Mutti und Vati können sich erholen."

"Mit einem Auto kann man fahren, wann und wohin man will. Aber manchmal stehen wir im Stau, dann schimpft Vati. Und manchmal muß er lange suchen, bis wir einen Parkplatz haben."

"Robin hat ein Dreirad, aber damit darf er nur auf dem Spielplatz fahren. Später möchte er ein Skateboard haben."

Robin möchte gerne einmal mit dem Flugzeug reisen.
"Robin, wohin möchtest du denn fliegen?"
"Nach Amerika."
"Und hast du keine Angst?"
"Nein, gar nicht."

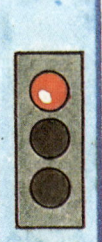

"Einmal sind wir mit einem großen Fährschiff nach Dänemark gefahren. Unser Auto stand währenddessen im Bauch des Schiffes."

"Und wenn wir zu Opas Schrebergarten fahren, müssen wir mit einer kleinen Fähre über den Fluß setzen."

Es gibt viele verschiedene Wege, auf denen die Verkehrsmittel fahren können. Das Auto braucht eine feste Straße, eine Bahn fährt auf Schienen. Es gibt Wasserstraßen für Schiffe und Luftfahrtwege für Flugzeuge.

"Zebrastreifen zeigen an, daß hier Fußgänger über die Straße gehen dürfen. Autofahrer sollten halten, wenn sie Fußgänger sehen."

"Dieses Schild zeigt, daß der Weg für uns Fußgänger angelegt ist..."

"...und dieser ist für Radfahrer."

"Ein Fußgängerweg mit Zebrastreifen: Hier ist ein gesicherter Übergang."

Schülerlotsen

"Hier leiten Schülerlotsen die Kinder sicher über die Straße."

"Aber hier ist es Fußgängern verboten, den Weg zu benutzen.
Rot bedeutet immer eine Warnung!"

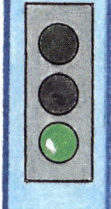

Auch bei diesem Schild müssen Autofahrer mit Kindern auf der Straße rechnen."

"Es gibt viele Hinweise, die den Autofahrern sagen, daß sie auf Kinder Rücksicht nehmen müssen", sagt der Vater, "aber viele tun es trotzdem nicht. Darum paßt bitte immer gut auf und seid vorsichtig. Wenn ihr über die Straße gehen wollt, schaut immer erst links, dann rechts, dann wieder links."

"Dann könnt ihr gehen, wenn alles frei ist oder die Autos für euch halten. Auf der Straßenmitte schaut noch einmal nach rechts."

"Bitte spielt nicht Ball an einer belebten Straße. Wenn der Ball auf die Fahrbahn rollt, vergeßt ihr leicht den Autoverkehr und lauft dem Ball einfach nach."

" Ruft auch nicht ein Kind beim Namen, das gerade über die Straße geht! Ein Augenblick der Ablenkung ist schon gefährlich."

DAS SCHILDERSPIEL...

...zum Ausschneiden und Einkleben oder Malen.

Robin steht an der Ampel. Er darf gerade losgehen, denn es erscheint...

Hier muß der Autofahrer halten, denn hier gehen oft Kinder über die Straße. Klebe das richtige Schild ein!

Und was meinst du wohl, bedeutet dieses Schild? Suche die richtige Antwort aus und male den passenden Kreis grün aus!

○ Die Polizei spielt hier Tennis

○ Schülerlotsen helfen Kindern, die Straße zu überqueren

○ Bitte Sicherheitsgurt anlegen

Hier findest du viele Schilder, und einige sind die richtige Lösung für die Rätselfragen auf diesen beiden Seiten. Schneide sie aus und klebe sie in die passenden Felder neben die Schrift.

Fußgänger überqueren die Straße

Fußgängerweg

Radfahren verboten (Dies ist ein wenig schwerer)

Nicht schneller als 30 Kilometer in der Stunde fahren

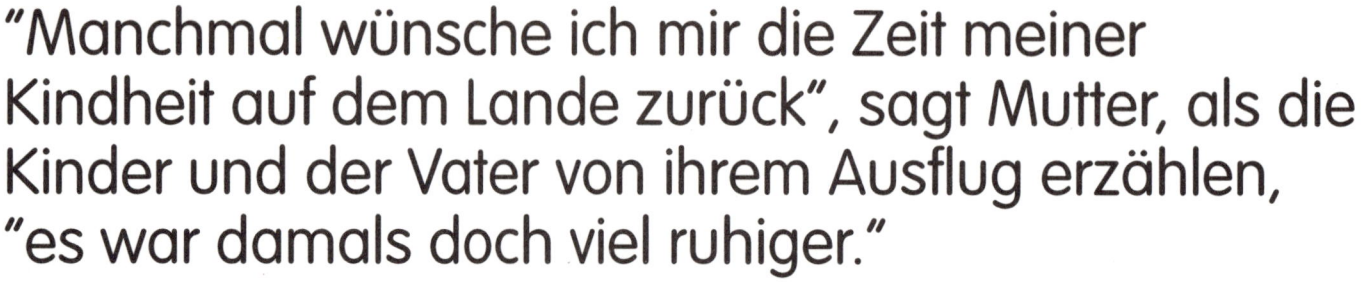

"Manchmal wünsche ich mir die Zeit meiner Kindheit auf dem Lande zurück", sagt Mutter, als die Kinder und der Vater von ihrem Ausflug erzählen, "es war damals doch viel ruhiger."

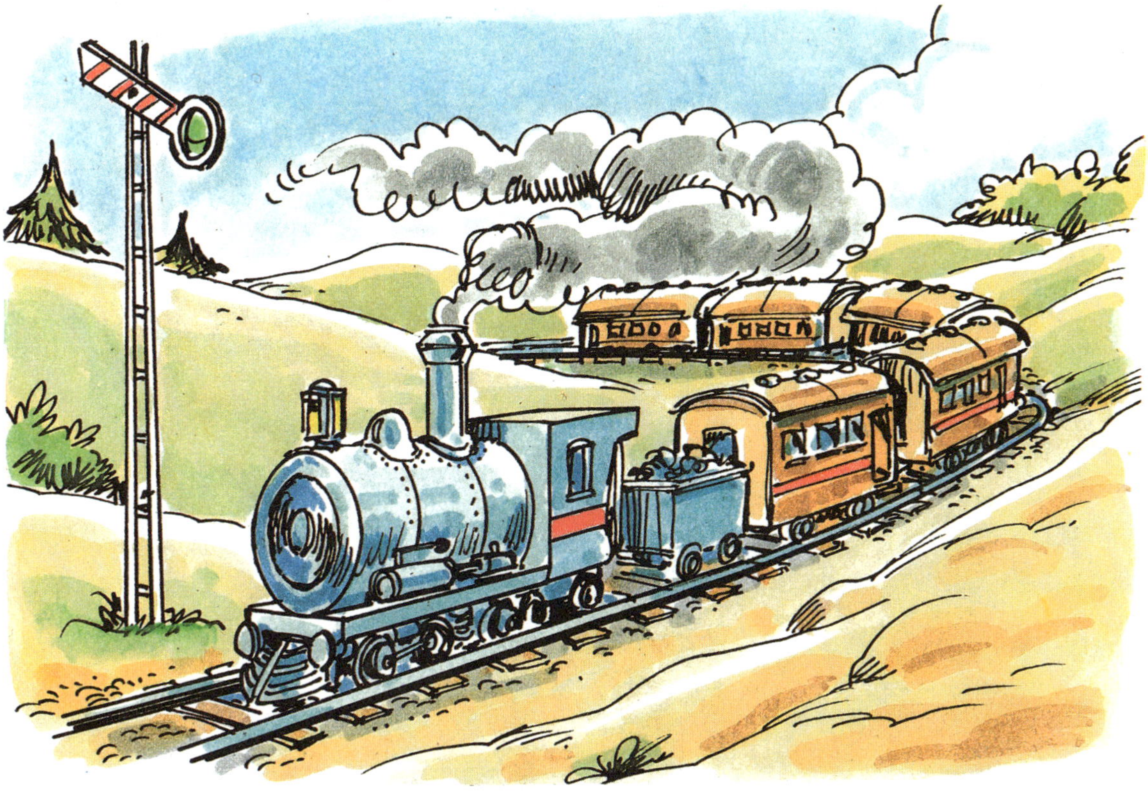

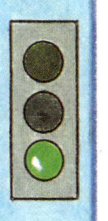

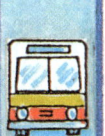

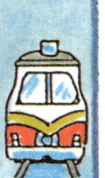

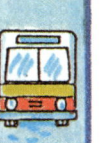

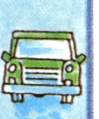

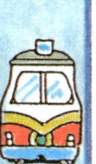

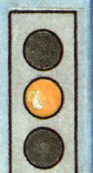

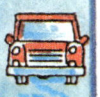

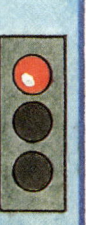

Mit Anna und Robin beim Einkaufen

Wo bleibt Mutti?
Sie holt doch die Kinder immer von der Oma ab.
Schließlich läutet das Telefon...

Mutti ruft an. Sie ist auf der Treppe gestolpert und hat sich den Knöchel verstaucht. "Ach, du Ärmste!" sagt die Oma, "dann darfst du jetzt nicht auftreten!"

Ja, jetzt müssen die Kinder einkaufen. Wenn Oma Zeit hat, hilft sie, aber sie kann nicht so weit gehen.

"Moment!" ruft Anna Robin nach, der schon mit Rudolf die Treppe hinunterläuft, "wir müssen doch Geld und eine Einkaufstasche mitnehmen!"

"Und einen Einkaufszettel braucht ihr auch", sagt Oma, und dann schreibt sie einen.

> Bäcker
> 6 Stück Butterkuchen
> Gemüsehändler
> 1 Bund Suppengrün
> ½ Pfund Möhren
> 2 Bund Petersilie
> 1 Ananas
> Gewürzhändler
> je 2 Tüten Curry, Pfeffer, Vanille, Kümmel und Zimt
> Buchenhof
> 2 kleine Gläser Honig
> Eiermann
> gefärbte Eier, von jeder Farbe 2 Stück

Zweimal in der Woche ist Wochenmarkt am Märkischen Platz. Gleich am Anfang steht der Fleischwagen. Anna faßt Rudolfs Leine fester, er fängt schon an zu ziehen.

ZAHLEN ZUM ZÄHLEN

Wenn du auf den Markt gehst, solltest du schon die Zahlen kennen.

1 Der Obstmann hat noch **eine** Ananas übrig.

Beim Gemüsestand holen die Kinder **zwei** Bund Petersilie.

2

3 Ein Kilo Äpfel – das sind **drei** Stück, so groß sind die.

Vier Stück Kuchen: Das ist je eins für Mutti, Vati und die Kinder.

4

5 **Fünf** Buntstifte sind in einer Schachtel.

6 **Sechs** Eier passen in den kleinen Eierkarton.

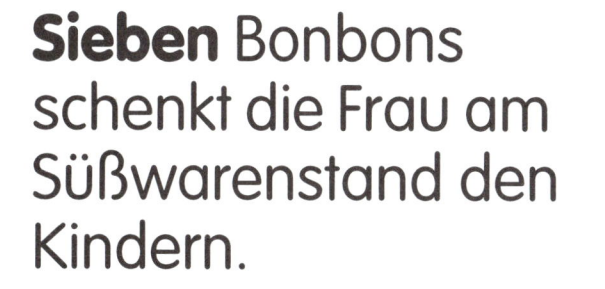

Sieben Bonbons schenkt die Frau am Süßwarenstand den Kindern. **7**

8 **Acht** Tulpen sind in einem Strauß.

Neun Kugeln Eis machen Bauchweh. **9**

10 **Zehn** Finger hat die Hand, und Robin braucht sie alle zum Rechnen.

Für die Suppe sollen die Kinder Suppengrün und Möhren kaufen. Drei liegen schon auf der Waage. "Bitte noch zwei dazu", sagt Anna. Wie viele sind es dann?

3 + 2 =

Sie packen die Tüte mit den fünf Möhren ein. Dann gehen sie zum Eierstand. Dort gibt es buntgefärbte Ostereier. Sechs Farben gibt es. Die Kinder möchten von jeder Farbe zwei Stück. Passen die in den Zehnerkarton?

6 × 2 =

Nein. Die übrigen zwei Eier packt der Eiermann in eine Tüte. Das geht, denn die Eier sind gekocht.

Hier verkauft eine junge Frau Honig, Eier und Wolle vom eigenen Hof. Anna möchte ein Glas Honig haben. Acht Gläser sind da. Zwei nimmt Anna. Wie viele hat die junge Bäuerin noch übrig?

8 – 2 =

"Mein Honig wird bald verkauft sein", sagt sie zu ihrem Freund, der gerade dazukommt, "ich habe jetzt nur noch sechs Gläser."

Hier duftet es nach Gewürzen. Die Kinder sollen Vanille, Curry, Pfeffer, Kümmel und Zimt mitbringen, von jeder Sorte zwei Tüten. Wie viele Tüten packen sie ein?

5 x 2 =

"Anna, kaufst du mir ein Eis?" bittet Robin. "Nur, wenn wir genug Geld haben", sagt Anna. Die zehn Tüten Gewürze waren teuer.

Am Obst- und Gemüsestand gibt es auch eine Menge Früchte aus fernen Ländern.

Mangofrüchte sind innen orangegelb, weich und saftig.

"Ly-chee" – man sagt "Lai-tschi" – haben eine rote, rauhe Schale und sind innen weich, weiß und süß.

Die Kinder haben noch fünf Mark. Sie sollen noch eine Ananas mitbringen. Drei Mark neunzig kostet sie. Bleibt genug Geld für ein Eis für jeden übrig? Das billigste kostet 80 Pfennig.

$$\begin{array}{r} 5,00 \\ -3,90 \\ \hline \end{array}$$

2 × 0,80 =

Endlich tragen sie die vollen Taschen die Treppe hinauf. Robin hat doch kein Eis bekommen, denn sie hatten nur noch DM 1,10. Zwei Eis sollten DM 1,60 kosten, so hatten sie 50 Pfennig zu wenig. Aber dafür gibt es ja gleich Kuchen.

KAUFLADEN

Anna und Robin spielen manchmal Kaufladen. Besser noch als einen fertigen Laden finden sie einen selbstgemachten.

Im Altpapier finden sie alte Schachteln von Zahnpastatuben, Konservendosen und Waschpulver. Daraus schneiden sie kleine Packungen für ihren Laden und kleben sie neu zusammen.

So zum Beispiel könnt ihr Schachteln basteln und bekleben oder bemalen. An den glatten Linien schneidet ihr die Schachtel aus. Die gestrichelten Linien knickt ihr, die grauen Flächen bestreicht ihr mit Klebstoff. Aus alten Zeitschriften könnt ihr Namen für eure Waren ausschneiden. Auch Tüten könnt ihr so machen.

Mutti gibt Anna und Robin ein paar Dinge aus ihrer Küche: Erbsen, Reis, Nudeln, Brot, einen Apfel, Salz, Zuckerwürfel... Der Kaufmann darf den Zucker aber nicht gleich essen, sonst hat er keinen zu verkaufen.

Opa hatte neulich ein Stück Sperrholz übrig. Das haben sie mit schwarzer Plakatfarbe angestrichen und schreiben mit Kreide die Sonderangebote auf.

„Sonderangebot
1 Zuckerwürfel
2 Kopeken"

Anna hat schöne kleine Preisschilder gemalt und auf Hölzchen gesteckt. Als Spielgeld nehmen sie Münzen, die Vati und Mutti von Reisen mitgebracht haben: Lire, Gulden und Kopeken.

HEFTE, STIFTE, KLEBER

Das neue Schuljahr beginnt. Anna kommt in die dritte Klasse. Bei "Papier-Schröder" am Märkischen Platz gibt es Schreibhefte. Anna kauft zwei mit Linien und zwei mit Kästchen, ein Aufgabenheft und ein Heft ohne Linien. Wie viele sind das?

Kästchenhefte brauchen wir zum…

Hefte mit Linien brauchen wir zum…

Sie bekommt zum Schreiben in den sechs Heften auch einen Füllhalter. Sie sucht sich eine schöne Farbe aus. Dazu kommen ein Klebestift, drei Bleistifte, ein Anspitzer und ein Radiergummi.

Robin soll auch etwas bekommen: einen Karton mit 12 Buntstiften und einen großen Zeichenblock. Zu Hause hat er schon 20 Buntstifte. Jetzt sind es zusammen _____ Stifte.

Papier ohne Linien brauchen wir zum…

Robin hat 32 Buntstifte.

WIR KAUFEN MAL WOANDERS EIN

Opa geht auch mal mit Robin und Anna einkaufen. Heute will Oma gefüllte Paprikaschoten machen. Zuerst gehen wir zum türkischen Gemüseladen von Osman Karagözlü.

Wir nehmen
ein Kilo grüne Paprika zu   DM 2,90
zwei Teegläser zu je 1,00   DM 2,00
ein Fladenbrot für   DM 1,30
das macht   6,20

Anna hilft einer alten Frau, die nicht mehr gut sehen kann, beim Bezahlen.

DM 14,78: das ist

ein __10__ DM-Schein, __4__ Markstück(e), __1__ Fünfzigpfennigstück(e), __2__ Groschen und __8__ Pfennig(e).

Mutti möchte, daß die Kinder ihr Tee mitbringen. Bei Prabat Rajatman gibt es guten Tee aus Indien. Opa kauft 50 Gramm Tee für DM 4,90. Wieviel Geld haben sie heute ausgegeben?

Ein andermal, als Oma wenig Zeit zum Kochen hat, holt Opa mit Robin chinesische Nudelsuppe. Die gibt es bei Lan Van Huy. Er hat auch Lampions, Porzellanvasen und Eßstäbchen.

Was macht Vati im japanischen Laden von Osamu Mori? Er kauft bunte Faltpapiere für die Kinder. Herr Mori zählt die Preise mit einem Taschenrechner zusammen. Sehr große Rechner nennt man Computer. Vati hat auch einen.

Auflösung

Bei Osman Karagözlü zahlen sie DM 6,20. Dazu der Tee für DM 4,90: Sie haben DM 11,10 ausgegeben.
DM 14,78: Das ist ein Zehnmarkschein, vier Markstücke (oder zwei Zweimarkstücke), ein Fünfzigpfennigstück, zwei Groschen und acht Pfennige.

ANNA RECHNET

Heute mußte Anna ein paar Einkäufe allein machen. Oma hat ihr einen großen Einkaufszettel gemacht, damit sie die Preise dazuschreiben kann.

Hast du Lust, ihr beim Rechnen zu helfen?

Bäcker	
½ Landbrot	2,80
4 Sesambrötchen	2,40
1 Pck. Salzstangen	1,60
Milchmann	
½ l H-Milch	0,70
4 Joghurt	2,40
1 Camembert	2,70
Feinkostladen	
1 kl. Glas Honig	3,90
1 Becher Geflügelsalat	2,70
zusammen	

½ Brot DM 2,80
Brötchen DM –,60
½ Liter DM –,70
Becher DM –,60
Packung DM 1,60
Stück DM 2,70
Glas DM 3,90
Becher DM 2,70

Oma hat Anna 20 Mark mitgegeben. Kommt sie damit aus? Bekommt sie noch etwas zurück? Reicht es denn dieses Mal für ein Eis? Am Schluß erfährst du es.

MÖBELKAUF

Ein paar Wochen später kann Mutti wieder gut laufen. Vati schlägt vor, am Sonnabend ins Möbelhaus zu fahren: "Die Kinder brauchen größere Betten. Ich möchte noch ein Bücherregal für das Wohnzimmer haben, und Mutti sucht Vorhangstoff für das Kinderzimmer."

Anna hat mit Mutti einen Vorhangstoff ausgesucht: rosa Rosen. "Du willst wohl alles in Rosa!" lacht Vater. "Ich auch!" ruft Robin.

Rosa Etagenbetten sind nun gerade ausgegangen, aber eins aus Kiefernholz tut es auch.
Es hat ein Geländer, damit Robin nicht herausfällt. Denn er will natürlich oben schlafen.

Ein Paar lustige Kaffeebecher für Oma und Opa wollen sie auch mitnehmen. Dann ist kein Geld mehr für das Bücherregal übrig. "Macht nichts", sagt Vati, "oben auf dem alten Regal ist immer noch ein bißchen Platz."

Hast du richtig gerechnet?

Ist Anna bei ihrem Einkauf mit 20 Mark ausgekommen? Ja, das Geld hat gereicht. Sie mußte beim Bäcker DM 6,80 bezahlen, beim Milchmann DM 5,80 und im Feinkostgeschäft DM 6,60: alles zusammen macht DM 19,20. Am Schluß hatte sie nur noch 80 Pfennige übrig. Aber weil sie alles richtig gerechnet hat – mit deiner Hilfe! – ist die Oma mit ihr und Robin später Eis essen gegangen.

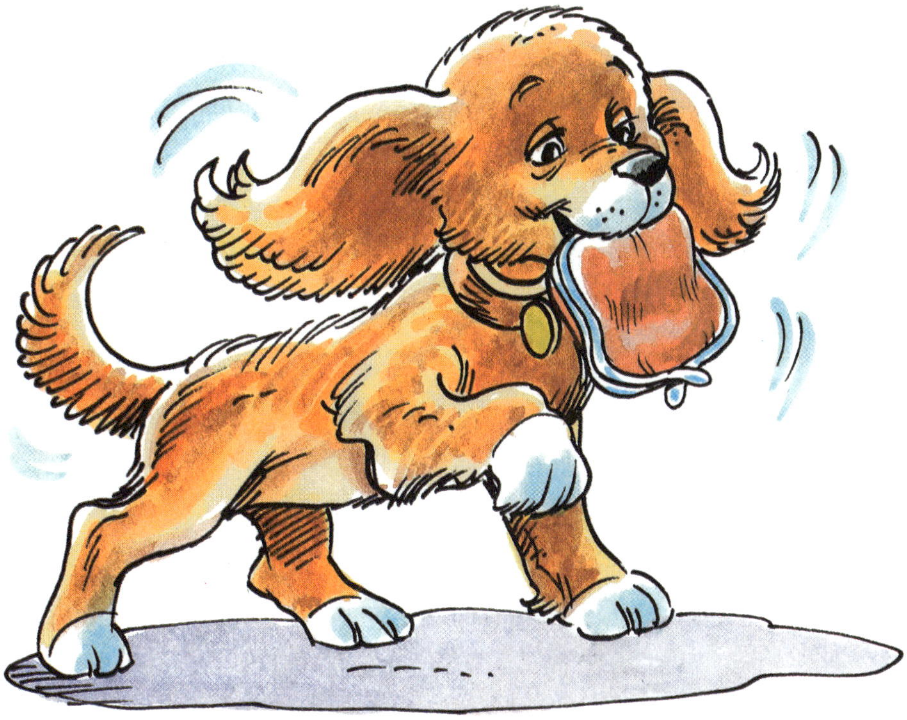

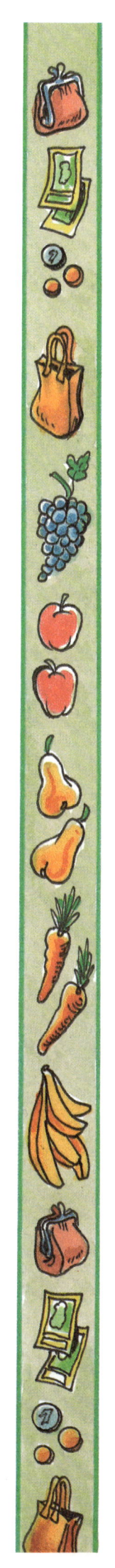

Mit Anna und Robin durch das Jahr

Für Robin ist der Winter nicht immer schön...
Heute ist es naß und kalt.
Niemand will mit Robin auf den Spielplatz gehen.
Wenn doch nur Schnee fallen würde...

Als Robin aber am anderen Morgen aus dem Fenster sieht, haben alle Zaunpfähle Mützen auf, und der Garten sieht aus wie ein frisch bezogenes Bett.
"Jetzt bauen wir einen Schneemann! Vati, hast du Zeit?"

"Nicht sofort! Erst muß ich den Schnee vom Gehweg vor unserem Haus fegen. Dann streue ich Sand, damit niemand ausrutscht."

März
April

Ein paar Wochen später sind die letzten Reste vom Schneemann verschwunden.
Noch ist es kalt. Aber die Vögel wissen schon, daß der Winter vorbei ist.

Vati hat im Garten zu tun. Er fegt alte Blätter zusammen und wirft sie auf den Komposthaufen. Unter der Hecke läßt er sie aber liegen.

"Warum fegst du die Blätter da nicht weg?" fragt Robin.
"Weil die Meise hier ein Nest baut", antwortet Vati, "ich würde sie sonst vertreiben."

Nun schauen gelbe und lila Krokusspitzen hervor. Es wird später dunkel. Die Sonne scheint wärmer.

Was machen Mutti und Vati Anfang April am Sonntag um sechs Uhr im Garten? Anna weiß es: "Heute ist doch Ostern!"

Mai

Juni

Jetzt können die Kinder schon den ganzen Tag draußen spielen – wenn es nicht gerade regnet.

Zuerst blühen die Obstbäume in Rosa und Weiß.

Dann wachsen an allen Bäumen und Büschen hellgrüne Blätter.

Zu Pfingsten ist die ganze Familie auf dem Fluß im Ruderboot gefahren. Rudolf ist einer Ente nachgesprungen – ins Wasser! "Pfui, Rudolf!"

GEBURTSTAGSFEST IM GARTEN

Am 14. Juni ist Anna acht Jahre alt geworden. Sie hat viele Kinder eingeladen. Zuerst gibt es eine Festtafel mit Kuchen, Kakao und Saft.

Wer ist denn der Herr mit dem Zylinderhut? Vati kommt als Gratulant und sagt ein Gedicht auf. Das zweite Reimwort läßt er immer weg, und die Kinder raten.

"Meine Tochter ist heut' acht,
ich hab' ein Paket ge . . . .
Wie sieht das Geschenk wohl aus?
Ja, es ist ein Puppen . . . . .
Selbstgemacht ist jedes Stück,
und wir wünschen dir viel . . . . . !"

Später zündet Vati den Grill an und paßt gut auf, daß sich niemand die Finger verbrennt. Er hat sich eine Schürze umgebunden und grillt Würstchen und Koteletts.

Wie gut schmeckt ein Essen im Freien! Mutti hat Brot, Käse und Salate vorbereitet. Denn Annas Freundin Güler möchte kein Fleisch essen.

WAS SPIELEN WIR?

Was wäre ein Kindergeburtstag ohne Spiele? Oma hat eine Überraschung für Anna. Sie kennt viele Spiele aus ihrer eigenen Kinderzeit und erklärt den Kindern einige davon.

HAMBURGER MURMELSPIEL

"Ein Loch wird im Sandboden gemacht, etwa so groß wie eine Tasse. Fünf Schritte davon entfernt zieht ihr eine Linie. Alle Kinder versuchen, ihre Murmel von der Linie nah ans Loch zu werfen. Wer am nächsten dran ist, darf alle Murmeln hineinstupsen, beginnend mit der vom Loch entferntesten. Wenn er nicht trifft, kommt das nächste Kind dran. Wer die letzte Murmel in das Loch rollt, hat gewonnen und bekommt alle."

BALTISCHES MURMELSPIEL

"Ihr braucht ein Brettchen, das ihr schräg aufstellt. Ihr laßt die Murmeln herunterrollen. Wenn ein Spieler eine andere Murmel trifft, darf er sie behalten."

KIBBEL-KABBEL

"Zu diesem Spiel braucht man einen langen Stock zum Schlagen und ein kurzes, dickes Holz, auf beiden Seiten angespitzt. Legt es auf festen Boden und versucht, es durch einen Schlag auf eine Spitze hochzuschleudern! Jeder darf das Holz durch drei Schläge in der Luft weitertreiben. Wer mit der gleichen Zahl von Schlägen am weitesten kommt, hat gewonnen."

HIMMEL UND HÖLLE

"Malt mit Kreide die Zahlen auf Steinplatten. Der erste Spieler wirft einen Stein auf die 1, springt darüber und hüpft abwechselnd mit beiden und mit einem Bein bis zur 7 und zurück, ohne die Linien zu berühren. Auf der 2 bleibt er auf einem Bein stehen, hebt den Stein auf, springt über die 1 und darf die nächste Zahl werfen. Wenn der Stein das Feld nicht trifft, darf der nächste Spieler werfen."

Juli
August

"Oh, wie ist es heute wieder heiß!" stöhnen die Erwachsenen. Und die Kinder möchten pausenlos Eis essen.

Bald sind Ferien. Anna hat schon öfter Hitzefrei, dann kann sie früh zu Oma und Opa. Im Schrebergarten gibt es ein Planschbecken und hohe Bäume.

Sie hilft der Oma beim Marmeladekochen, denn im Schrebergarten gibt es viele Himbeeren, Erdbeeren, Johannisbeeren und Stachelbeeren.

Nun haben die Ferien begonnen! Alle packen ihre Koffer.
"Ach, Robin, mußt du denn wirklich alle deine Teddybären mitnehmen?"

September

Oktober

Neulich war die Familie auf dem Lande. Dort gibt es jetzt so viel zu tun, daß die Bauern auch sonntags zur Arbeit auf das Feld fahren. "Sie müssen sich beeilen, alles Korn zu ernten, bevor Regen kommt", sagt Vati.

"Ich gehe mit meiner Laterne,
und meine Laterne mit mir.
Hoch oben leuchten die Sterne,
Hier unten leuchten wir."

Robin hat eine besonders schöne Laterne. Und auch, als die Kerze zu Ende ist, möchte er noch nicht nach Hause. Noch im Bett singt er weiter das Laternelied.

Morgens schaut er gleich, ob wieder Kastanien gefallen sind.
Schade, daß sie nicht immer so glänzend braun bleiben!

November
Dezember

Jetzt wird es kälter, und abends wird es früh dunkel. An vielen Tagen ist es neblig.
Manchmal sieht man Vögel südwärts fliegen; sie verbringen den Winter in warmen Ländern.

Die Blätter sind gelb geworden und fast alle von den Bäumen gefallen.
Bei gutem Wetter arbeitet Vati im Garten, schneidet die Büsche, sammelt die welken Blumen und wirft sie auf den Komposthaufen.

Am 5. Dezember stellt Anna ihre und Robins Schuhe vor die Tür: Der Nikolaus kommt!

Richtig, da hat jemand nachts die Schuhe mit leckeren Sachen gefüllt.
Danke, lieber Nikolaus!

Am Nachmittag basteln die Kinder Weihnachtssterne. Oma macht heißen Kakao, und es gibt Kekse. Wie gemütlich das ist!

JAHRESZEITEN IN NORD UND SÜD

Vielleicht wißt ihr, daß die Jahreszeiten nicht überall so sind wie bei uns.

Im hohen Norden gibt es im Sommer keine richtige Nacht. Es wird nicht dunkel, nur dämmrig. Ganz weit im Norden kann man sehen, daß zu Sommeranfang die Sonne nicht untergeht.

In vielen Ländern, zum Beispiel in Indien, gibt es nicht Sommer und Winter, sondern Trockenzeit und eine Regenzeit, die "Monsun" genannt wird.

In vielen Ländern ist es so trocken, daß es fast nie regnet. Hier freuen sich die Leute, wenn der Regen kommt.

In Australien ist Weihnachten mitten im Sommer. Alle fahren an den Strand und nehmen ihre Surfbretter zum Wellenreiten mit.

"Ich glaube doch, ich möchte lieber unser Weihnachten und kein australisches", sagt Oma. "Für mich gehört ein bißchen Schnee dazu, eine warme Stube und ein Gänsebraten mit Rotkohl."

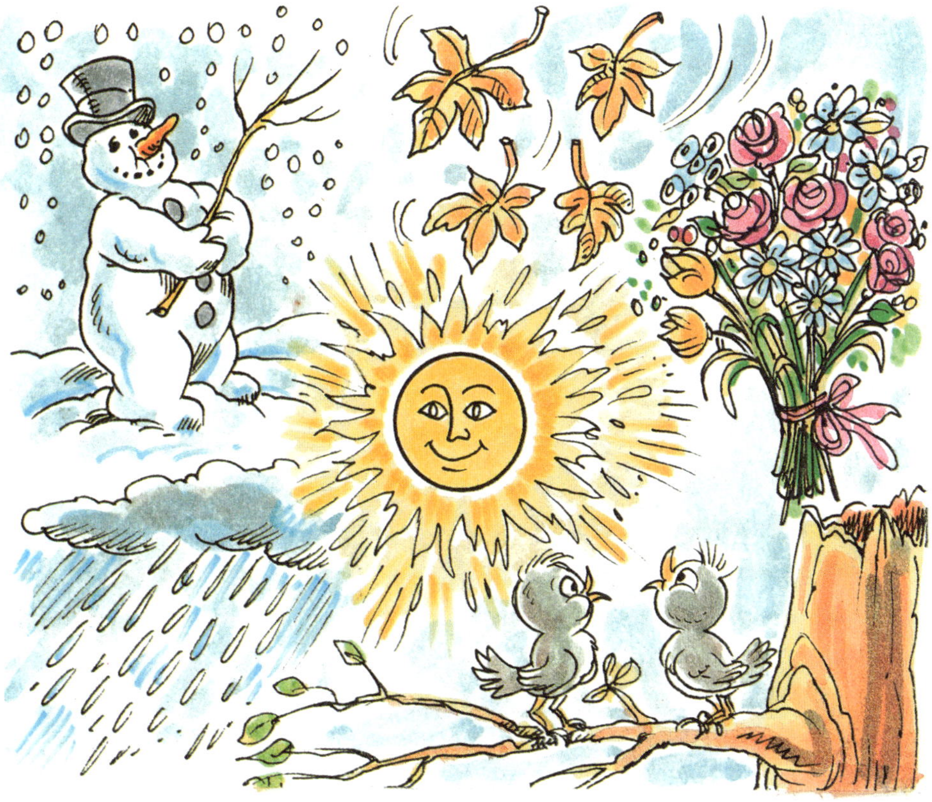

Mit Anna und Robin beim Waldspaziergang

Robin freut sich so sehr auf den Sonntag, daß er schon ganz früh aufwacht.
Er kann kaum erwarten, daß alle aufstehen und frühstücken: "Heute machen wir einen Ausflug in den Wald!"

Opa kommt auch mit. Oma will zu Hause bleiben, denn am Nachmittag kommen ihre Freundinnen zum Kaffee. Rudolf bleibt bei ihr.

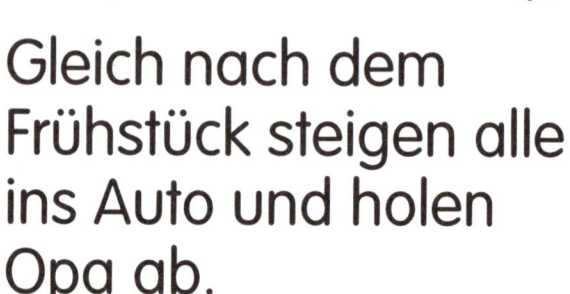

Gleich nach dem Frühstück steigen alle ins Auto und holen Opa ab.

Gut, daß sie früh losgefahren sind! Die Autobahn ist noch nicht so voll.

Vati biegt in einen Weg ein, den nur wenige kennen. Er führt zu einem See im Wald.

Wo viele Menschen sind, gibt es kaum Tiere zu sehen.

"Und darum konnten wir auch Rudolf nicht mitnehmen", sagt Vati, "wir hätten ihn immer an der Leine halten müssen, damit er keine Tiere jagt."

Jetzt ist das Auto abgestellt. Robin und Anna rennen zum See. Schön weich ist der Waldboden.

Robin hat den ersten Waldbewohner entdeckt: Einen dicken, blauschwarzen Mistkäfer.

Mit lautem Geschrei fliegt ein Vogel auf. An den Flügeln hat er schöne blaue Federn. "Das ist ein Eichelhäher. Er warnt mit seinem Ruf vor uns Menschen", sagt Opa.

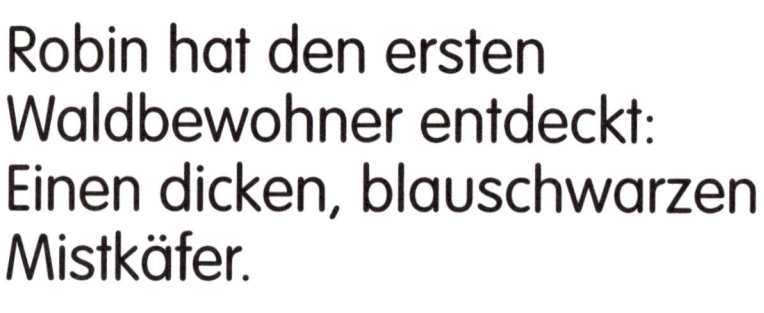

Nun sind alle am Ufer angekommen. Ein steiler Weg führt hinunter zum See.

"Wer hat denn die Löcher in den Hang gegraben?" fragt Anna.
"Da haben Uferschwalben ihre Nester gebaut", sagt Opa.

Ein paar graue Tiere rennen weg. Robin ruft: "Das sind Hasen!" Aber es sind Kaninchen. Hasen sind größer und haben längere Ohren.

TIERE UND IHRE SPUREN

"Hier im Wald leben noch viele Tiere, die wir aber nicht alle sehen, weil sie sich verstecken", sagt Vati, "manchmal entdeckt man aber ihre Spuren."

"Dies sind Spuren von Rehen, die zum Trinken an den See gekommen sind."

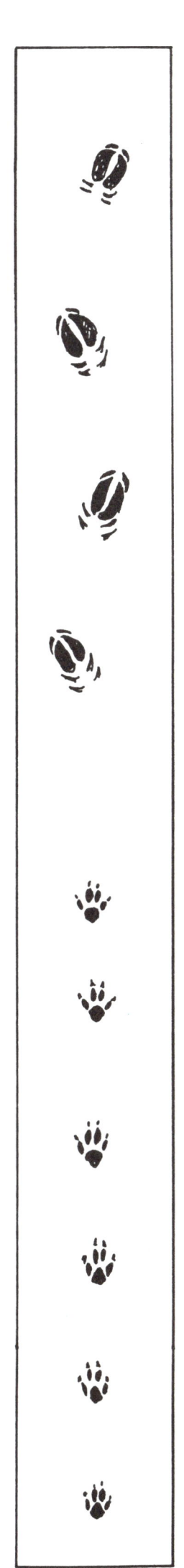

"Wildschweine wühlen in der Erde und wälzen sich gern im Dreck."

"Ist Rudolf auch ein Wildschwein?" fragt Robin. "Manchmal glaube ich das", antwortet Mutti und lacht.

"Ich dachte schon, hier wäre Rudolf gelaufen!" ruft Robin. "Nein, das war ein Fuchs", sagt Opa, "er baut immer Höhlen mit mehreren Ausgängen."

"Und diese winzig kleinen Füße mit spitzen Krallen gehören dem Eichhörnchen, das damit rasch an den Bäumen hoch- und runterläuft."

"Hier sind Enten durch den Matsch am Seeufer gewatschelt. Es sind genau solche Enten wie im Bürgerpark in der Stadt."

"Und hier muß ein Hase geflüchtet sein. Und das war ein echter Hase, kein Kaninchen."

Diese Spur gehört sicher zu einem großen Vogel! "Nein, das Teichhuhn ist so klein wie Opas Junghühner, aber es hat große Füße!"

Einige Tierarten leben ganz gern in der Nähe der Menschen. Einige kennt ihr schon: Kaninchen, Amsel, Reh, Stockente, Meise.

Drossel

Marder

Hausmaus

Mäuse und Marder gibt es oft dort, wo Menschen leben, aber man sieht sie nicht immer.

Luchs

Andere Tiere, wie Luchs und Elch, sind scheu und flüchten vor Menschen. Sie können dort nicht mehr leben, wo Häuser und Straßen gebaut werden.

Igel

Kröte

Manche Tiere leben zwar da, wo Menschen sind, aber es ist für sie gefährlich.

Opa ist im Naturschutzverein und kennt alle Bäume.

"Dieser Baum mit der weißen Rinde heißt 'Birke'. In Sibirien, Skandinavien und Kanada gibt es unendlich viele. Man kann Schachteln aus der Rinde machen. Die Indianer haben sogar ganze Kanus daraus gebaut.

"Die Buche hat hartes Holz, aus dem man Möbel macht. Ihre Früchte heißen Bucheckern. Sie sind eßbar für Menschen und Tiere."

"Die Früchte der Eiche sind zu bitter für den Menschen. Aber Eichhörnchen und Wildschweine fressen gern Eicheln."

"Die Fichte ist unser Weihnachtsbaum. Er ist das ganze Jahr über grün."

"Aus Kiefernholz ist euer Bett, Kinder. Aus der Rinde werden wir gleich einmal kleine Boote machen."

RINDENBOOTE

"Da habe ich doch zufällig zwei Taschenmesser mitgenommen", sagt Opa. "Hier ist eine Kiefer gefällt worden, und die abgeschälte Rinde liegt auf dem Boden. Wir nehmen uns ein paar schöne Stücke und höhlen sie mit dem Messer aus. Anna kann mir sicher dabei helfen."

"In der Mitte der Aushöhlung kannst du einen Steg stehenlassen. Dann kommt die Außenform: vorne spitz, hinten rund."

"In den Steg kannst du ein Loch bohren und ein angespitztes Stück Zweig stecken. Das ist dann der Mast, an dem du ein großes Blatt als Segel befestigst."

"Schließlich lassen wir unsere Rindenboote auf dem See schwimmen."

Inzwischen haben Mutti und Vati Decken auf einer sonnigen Stelle ausgebreitet und den Picknickkorb ausgepackt. Es gibt belegte Brote, hartgekochte Eier, Salate und Tee aus der Thermosflasche.

Vati und Opa verzichten auf das Rauchen: "Im Wald kann es leicht einen Brand geben."
Nach dem Essen schlägt Opa einen Spaziergang vor. Vati und Anna gehen mit. Robin bleibt bei Mutti.

Robin hat so interessante Tiere entdeckt! Die will er sich in Ruhe ansehen.

Eins ist gerade auf die Decke vor ihm gesprungen. Er war ein bißchen erschrocken. Aber es war nur eine Heuschrecke.

Vom See her schwirrt eine große Libelle wie ein Hubschrauber über den Picknickplatz.

Welches Tier hat denn dieses phantastische Netz gebaut? Das war eine dicke Kreuzspinne.

Robin schaut auch den fleißigen Ameisen zu, wie sie Zweige und Beutetiere zu ihrem Bau tragen. Wenn sie so groß wären wie Elefanten, könnten sie ganze Häuser tragen.

Nun ist die Familie wieder beisammen. Alle helfen, die Sachen einzusammeln. "Im Wald wollen wir keinen Müll hinterlassen", ermahnt Vati. Zufrieden und müde wandern sie zum Auto.

RATE MAL, WELCHES TIER SIE SEHEN!

Auf unserem Spaziergang durch den Wald hast du sicher einige Tiere wiedererkannt, andere sind neu für dich. Erinnerst du dich an ihre Spuren? Und erkennst du sie nach der Beschreibung? Verbinde die Zahlen und male die Tiere in schönen Farben an!

1

Es hat lange Beine. Das männliche Tier trägt ein kleines Geweih auf dem Kopf. Die Jungen haben ein geflecktes Fell.

2 Es lebt auf Bäumen, sammelt die Früchte von Eichen und Buchen und kann flink am Stamm aufwärts und abwärts laufen.

3 Es ist schwarz und borstig und sucht mit der Schnauze im Matsch nach Futter. Die Kleinen tragen einen Streifenpelz und heißen "Frischlinge".

4 Es baut sich Höhlen mit mehreren Ausgängen, hat einen roten Pelz und kommt in einigen Märchen vor.

Auflösung des Rätsels

1 – Reh, 2 – Eichhörnchen, 3 – Wildschwein, 4 – Fuchs.

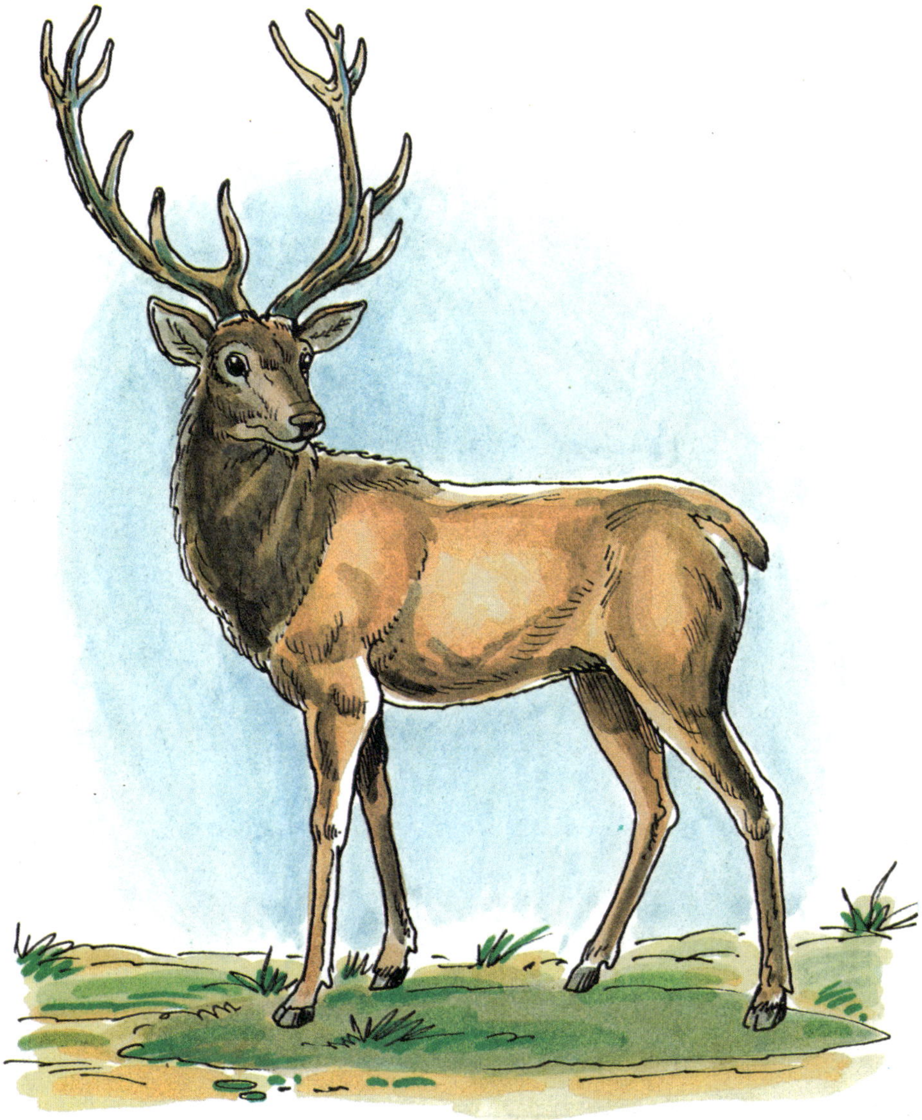

Mit Anna und Robin auf dem Bauernhof

Die Gärtners haben Verwandte auf dem Lande:
Tante Winnie und Onkel Willi Schroth und ihre Kinder
Fredi, Lisa und der kleine Anton.
Heute fährt Familie Gärtner wieder dorthin.

Fredi wird nämlich heute, am Sonntag, konfirmiert.
Familie Schroth hat sich feingemacht.

Alle freuen sich über das schöne Wetter.

Die Kinder müssen den Schulweg nun nicht mehr in Eis und Schneematsch zurücklegen.

Die Kühe sind wieder auf der Weide und nicht mehr im engen Stall.

Die Glucke führt ihre Küken zum ersten Mal ins Freie.

Tante Winnie umarmt alle Gäste: "Wie schön, daß ihr auch kommen konntet!"

In der Diele des Bauernhauses gibt es einen Kakao für die Kinder und einen Schnaps für die Erwachsenen. Vati sagt: "Nein, danke, ich muß noch Auto fahren."

Während die Großen sich noch etwas erzählen, führt Lisa die Stadtkinder auf dem Hof herum. Fredi geht nicht mit, weil er den guten Anzug anhat.

Robin fürchtet sich ein bißchen vor der großen Ziege. "Die tut dir nichts", sagt Lisa, "mit der gehen wir spazieren wie ihr mit Rudolf."

Wie sind die Ferkel niedlich! Anna möchte fast eins mitnehmen, das würde so gut in ihr rosa Zimmer passen.

Tante Winnie hat auch viele Hühner. Sie scharren fleißig in der Erde, damit ihre Küken Futter finden.

Bei den Schafen gibt es schon ein paar neugeborene Lämmer. Sind die süß! Wenn sie zu laufen versuchen, kippen sie beinahe um.

Nachdem die Kinder wieder ins Haus gekommen sind, fahren alle in die Kirche. Sie ist sehr alt und aus dicken Feldsteinen gebaut. Drinnen ist es kälter als draußen.

Der Pastor spricht zu den Konfirmanden. Er wünscht ihnen Gottes Segen, die Orgel spielt, die Gemeinde singt.

Vor der Kirche treffen sich die Nachbarn. Die Familie Schroth und Familie Gärtner fahren nach einem kleinen Schwatz wieder heim zu Onkel Willis Haus.

Hier gibt es jetzt ein Festessen. Viele Nachbarn sind gekommen. Anna und Robin verstehen sie kaum, weil sie Platt sprechen. Aber Vati kann es auch noch, er ist auf dem Lande großgeworden.

Es gibt selbstgebackenes Brot – Tante Winnie hat es gemacht. Dazu haben sie Schinken aus "Hausschlachtung". Robin fragt, was das ist.

"Das war unser eigenes Schwein, das wir geschlachtet haben", sagt Onkel Willi. Robin möchte nun doch lieber Käse aufs Brot.

Aber er ißt auch gern Tante Winnies Pfannkuchen mit Eiern von ihren eigenen Hühnern. Dazu gibt es Pflaumenmus oder Kirschmarmelade. Alles hat die Tante selbst eingekocht.

Nach dem Essen spielen Robin und Anton im Hof mit Murmeln.

Dann guckt Robin mal wieder nach, wo der Kater Filuzi steckt.

In der großen Halle stehen die Maschinen, die für die Feldarbeit gebraucht werden. Hier ist der Kater nicht.

Hinter dem Haus, direkt an der Küchentür, ist Tante Winnies Garten, wo Obstbäume, Beerensträucher, Gewürzkräuter und Blumen wachsen.
Auch hier ist kein Kater.

BÄUERLICHES LEBEN IN ALTER ZEIT

Vor vielen Hunderten von Jahren lebten die Menschen auf dem Lande ganz anders als wir heute.

Alle Arbeiten mußten mit der Hand gemacht werden. Die Bauern spannten Pferde oder Ochsen vor den Pflug, um Furchen durch die Erde zu ziehen, so daß sie etwas pflanzen konnten. Sie säten das Korn von Hand aus.

Zur Erntezeit schnitt man Heu und Getreide mit der Sense oder der Sichel. Die Ernte wurde auf einem Pferdewagen in die Scheune gefahren. Dann wurde gedroschen, das heißt, man schlug mit einer Art Knüppel darauf, so daß die Körner sich aus den Hüllen lösten.

Auch die Gegenstände für den täglichen Gebrauch waren fast alle selbstgemacht. Löffel wurden aus Holz geschnitzt, manchmal sogar die Wiege für das Baby und Holzschuhe.

Die Frauen spannen Garn, webten daraus Stoffe und nähten Kleider und Bettücher. Sie flochten Körbe aus Weidenzweigen und zogen Kerzen aus Bienenwachs.

Robin, Lisa und Anton klettern auf den Speicher. Lisa muß niesen, so staubig ist es hier. An den Wänden stehen alte Schränke und Truhen.

Hier steckt Kater Filuzi! Ob er sich vor den fremden Besuchern zurückgezogen hat oder einer Maus auf der Spur war, sagt er uns nicht, aber er schnurrt laut, als ihn Anton streichelt.

Zurück zum Haus gehen sie durch den Gemüsegarten. Hier wachsen Zwiebeln, Möhren, Erbsen, grüne Bohnen, Kohlrabi und Gurken. Tante Winnie hat auch ein Glashaus, wo die Tomaten gut gedeihen.

Als sie wieder ins Haus kommen, sagt Vati: "Gut, daß ihr wieder da seid! Wir müssen langsam in Richtung Heimat aufbrechen."

WAS LIEFERT UNS DER BAUERNHOF?

Viele Tiere und Pflanzen haben wir auf dem Bauernhof gesehen. Aus allen kann man etwas Eßbares oder etwas Nützliches machen. Weißt du, von welchen Tieren und Pflanzen die Sachen kommen, die wir kaufen?

Alpengras
Sahne-Joghurt
Aus frischer Milch
10% Fett

Caprimulgus Ziegenkäse
Frischkäse 45% Fett

Traditions-
KATENSCHINKEN
mild geräuchert

Gut Bornhof
Fleischwurst

Imkerstolz
Lindenblüten-Honig
von fleißigen Bienen gesammelt

Lange Spaghetti
NUDULA
Weizengrieß und Ei –
sonst ist nichts dabei!

Strickgarn No.3
Kuschel-Vlies
100% reine Schurwolle

Verbinde jede Packung mit den Tieren oder Pflanzen, die uns die Nahrung geben. Nimm bunte Stifte, damit man die Linien nicht verwechselt. Und: Es gehören manchmal mehr als zwei Teile zusammen! In welcher Packung ist ein Tier- **und** Pflanzenprodukt?

Hier kommen nun die Nahrungsmittel, die aus Pflanzen gemacht sind. Verbinde die Packungen mit den richtigen Pflanzen!

Mecklenburger **Goldnektar**
reiner, naturbelassener Apfelsaft

Morgen-Korn
prima Haferflocken für das Müsli

"prima collazione"
Frühstücks-**TOAST**
mit 20% Weizenschrot

Max Heinzelmann
Feine **Erbsen**
HAUSMACHERART

Bester Stangen-**Spargel**
frisch gestochen

Extra Konfitüre **CERISE**
aus entsteinten Sauerkirschen

Sankt Moritz
Junges Wurzelgemüse *extrafein*

aus besten Knollen **Pommes Frites** mit wenig Fett

142

Fallen dir noch mehr Sachen ein?
Male oder schreibe sie auf!

Mit Anna und Robin in den Urlaub

Die Koffer sind gepackt,
Robin nimmt nur seine Lieblingsteddies mit;
Anna hat einen neuen Badeanzug
und einen großen Sonnenhut wie Mutti –
es geht los: Familie Gärtner fährt in den Urlaub!

In den Sommerferien fährt Familie Gärtner an die Nordsee. Dort gibt es eine kleine Pension, in der die Eltern früher schon einmal waren.

Es ist eine alte Villa hinter einem hohen Wall. "Wozu ist der denn da?" fragt Robin. "Das ist ein Deich", sagt Mutti, "der schützt das Land vor einer Sturmflut."

Auf der Fahrt hat Robin sich sehr auf das Meer gefreut. Er will sofort ans Wasser, wenn sie ankommen, und schaut neugierig danach aus.

Und dann steht er auf dem Deich, aber da ist kein Meer! Nur eine graubraune Matschfläche: das Watt.

"Haben Sie das Meer gesehen?" fragt Robin einen dicken Mann in Badehose. "Ja, das ist da draußen – aber halt! Nicht rauslaufen aufs Watt! Das Wasser kommt wieder, jetzt ist Ebbe."

EBBE UND FLUT: DAS SIND DIE GEZEITEN

Jeden Tag steigt und fällt das Wasser überall in den Meeren und in den großen Flüssen der Erde. Das kommt von der Anziehungskraft des Mondes.

An der Nordsee kann man bei Ebbe durch das Watt spazieren. Mit Pferdewagen kann man einige Inseln besuchen.

Wenn die Flut kommt, wird am Strand eine rote Kugel an einem Mast hochgezogen. Dann wissen die Spaziergänger, daß sie zum Ufer zurückkehren müssen.

Im Watt ist der Boden wellig. Kringelige Erdhäufchen zeigen an, daß da Wattwürmer im Schlick wohnen. Die kleinen Bäche und Flüsse, in denen das Wasser abfließt oder zurückströmt, nennt man "Priele".

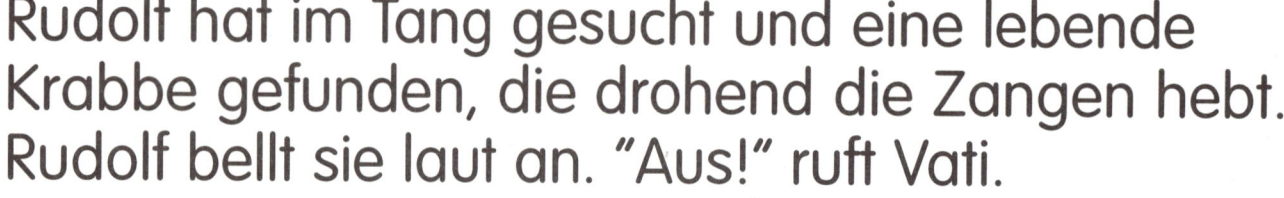

Am nächsten Morgen, als Anna, Robin und die Eltern zum Strand gehen, ist das Meer wieder da und spült fast bis an die Strandkörbe.

Rudolf hat im Tang gesucht und eine lebende Krabbe gefunden, die drohend die Zangen hebt. Rudolf bellt sie laut an. "Aus!" ruft Vati.

Anna ist ein Stück am Wasser entlangspaziert und hat schon einige Muscheln gefunden. Am schönsten findet sie die winzigen Tellmuscheln. Sie sind zitronengelb, rosa und purpurfarben.

Eine Herzmuschel hat zwei Schalen, die wie eine kleine Dose zusammenpassen.

Miesmuscheln sind schwarzblau, das Fleisch ist eßbar.

Ein schönes Schneckenhaus hat sie auch schon entdeckt. "Halt es doch mal ans Ohr, Anna! Drinnen rauscht das Meer."

In der Nacht hat es einen Gewittersturm gegeben. Das Meer war sehr aufgewühlt. Am Morgen machen Vati und die Kinder einen Spaziergang, um Strandgut zu suchen.

Die Wellen haben interessant geformte Holzstücke mit Seepocken drauf an Land geworfen.

Hier finden sie eine Glaskugel mit abgerissenen Schnüren: Das ist ein Schwimmer von einem Fischernetz.

Muscheln, Tang, Vogelknochen, Krebsschalen, winzige Fische und Federn liegen am Strand verstreut.

ALLE WETTER

In den Ferien wollen wir oft im Freien sein. Darum achten wir mehr auf das Wetter als zu anderen Zeiten. Kannst du das Wetter voraussagen? Versuch es doch einmal!

1

Es ist ein heißer, stiller Tag. Eine dicke, blaugraue Wolke steigt vom Horizont auf. Plötzlich weht ein Wind, und in der Ferne rumpelt es.

2

Der Himmel ist klar und blau. Dann fangen Wolken an aufzuziehen, die aussehen wie feine Federn.

3

Es ist klar, der Himmel ist blau, die Wolken sehen aus wie große Wattebäusche.

4

Es ist windstill und dicht bewölkt. Dann fällt ein feiner Sprühregen. Wie lange noch?

5 Es ist windig, zwischen den Wolken sieht man Stücke von blauem Himmel. Dann wird es plötzlich dunkel. Es regnet in Strömen. Wird es lange regnen?

6 Am Himmel ist keine einzige Wolke zu sehen. Die Dinge in der Ferne sieht man verschwommen. Bleibt es schön?

Wer 6x wußte, wie das Wetter wird, bekommt einen Wetterfrosch-Orden.

Der Laubfrosch verrät euch nun, ob ihr das Wetter richtig vorausgesagt habt.

1 Ein Gewitter zieht auf. Der Wind kündigt einen Guß an. Schnell unterstellen – aber nur nicht unter Bäume!

2 Es wird sich beziehen, am nächsten Tag vielleicht regnen.

3 Das gute Wetter dauert noch einige Tage lang an.

4 Sprühregen, auch Landregen genannt, kann mehrere Tage dauern.

5 So ein Guß ist schnell vorbei, der Wind treibt die Wolken weiter.

6 Ja, und es wird recht heiß.

Heute ist ein Ausflug geplant: Die Gärtners wollen auf eine Hallig fahren. "Was ist das denn?" will Robin wissen. "Eine Insel", sagt Vati. Zuerst spazieren sie zu dem Anleger, wo die Halligschiffe abfahren.

Und was Robin dann sieht, ist ein bißchen anders, als er es sich vorgestellt hatte: Da liegen ein paar Häuser mitten im Meer!
Die Häuser liegen auf Hügeln, genannt "Warften". Bei hohen Fluten schauen nur sie aus dem Wasser.

Auf der Rückfahrt zum Festland sehen Anna und Robin ein kleines Schiff, das von kreischenden Möwen umschwärmt wird. Ein Krabbenkutter fährt mit dem Fang in Richtung Hafen.

Auch kleine Fische, Seesterne und Taschenkrebse hängen im Netz, aber werden wieder über Bord geworfen. Die Möwen schnappen nach den leckeren Brocken.

FISCHEREI IN ALLER WELT

An allen Küsten der Welt, aber auch an Seen und Flüssen leben Menschen vom Fischfang. Dazu brauchen sie Boote und Geräte wie Angeln, Speere, Netze und Harpunen.

Pfeil und Bogen oder ein Speer sind die einfachsten Fischfanggeräte – aber das ist vielleicht die schwierigste Methode. Hier siehst du einen indischen Jungen beim Fischen.

Sicher hast du auch schon einige von diesen Fischen gegessen. Zwei dieser Arten sind Süßwasserfische, zwei fängt man im Meer. Welche?

Hering

Rotbarsch

Forelle

Karpfen

Fischer fangen auch viele andere Arten von Meerestieren, zum Beispiel Krebse, Krabben, Hummer und Tintenfische. Manche fischen auch nach Muscheln. Was finden sie wohl darin?

Für die Jagd auf große Fische und auf Wale benutzen die Fischer Harpunen. Einige Arten von Walen sind selten geworden und dürfen nicht mehr gejagt werden.

Auf den Ozeanen fängt man Heringe und andere Fische mit Schleppnetzen. Auf großen Fangschiffen werden die Fische gleich gesäubert und eingefroren.

Natürlich kann man Fische auch angeln. Das geht an Flüssen, Seen und auf dem Meer, vom Ufer oder vom Boot aus.

Die schönste Jagd ist aber wohl die "Fotojagd", zum Beispiel mit der Unterwasserkamera im Korallenriff.

WATTWANDER-WÜRFELSPIEL

Wenn Ebbe ist, können wir von der Küste zu der Insel wandern. Wer ist zuerst bei der Insel mit dem Leuchtturm? Und aufgepaßt: Eine Wattwanderung ist nicht ganz ohne Gefahr. Also, dann viel Glück!

Du wolltest Muscheln suchen, bist aber recht weit abgekommen. Mit 5 zurück, dann rechts.

Mit 1,2,3 links, mit 4,5,6 rechts

Mit 1,2,3 links, mit 4,5,6 rechts

Am Priel geht es leider nicht weiter. Zurück mit 4, dann Hauptrichtung.

START

ZIEL

Geschafft! Dies ist die Insel mit Leuchtturm und Wirtshaus, wo wir einen Kakao trinken.

Mit 1,2,3 links, mit 4,5,6 rechts

Mit 1,2,3 links, mit 4,5,6 rechts

Über den Priel kann man nur an einer Stelle.

Hier hast du einen süßen Seehund entdeckt. Du bist aber keiner, du kannst nicht im Priel weiterschwimmen.

Mit 1,2,3 links, mit 4,5,6 rechts

Die Flut kommt. Mit geraden Zahlen kommst du weiter. Sonst bekommst du nasse Füße. Schnell ans Ufer zurück.

Das rettende Ufer! Aber leider hast du verloren.

Auch der schönste Urlaub geht einmal vorbei. Anna sortiert ihre Muschelsammlung. Mutti schüttelt den Sand aus allen Strandtüchern.

Robin verabschiedet sich von den Kindern, die er am Strand kennengelernt hat. Dann steigt die Familie zur Rückfahrt ins Auto.

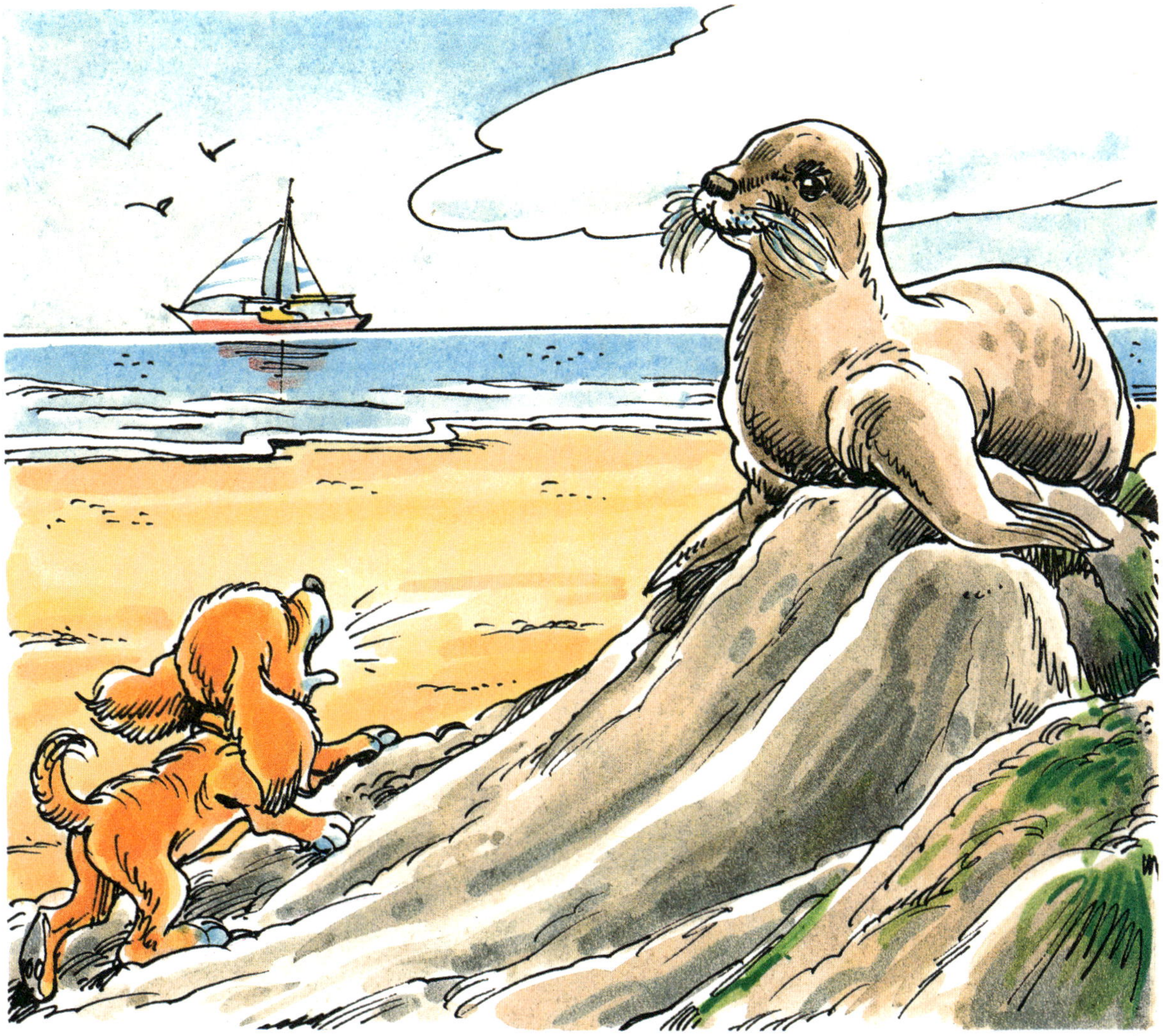

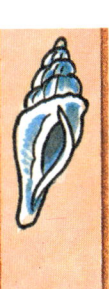

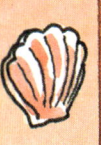

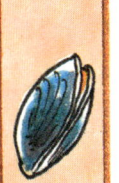

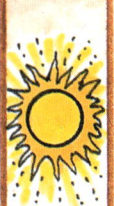

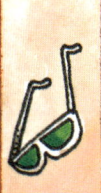

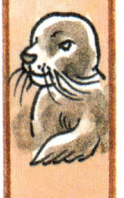

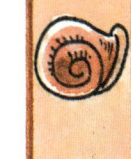

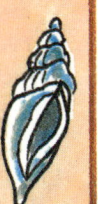

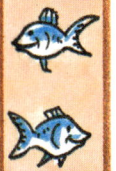

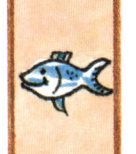

Mit Anna und Robin in den Zoo

"Können wir nicht mal in den Zoo gehen?"
haben die Kinder gebeten.
Aber es war immer zu kalt. Vati sagt, wenn die Tiere
wieder ins Freie kommen, dann gehen wir hin.

Vati geht mit Anna und Robin in den Zoo. Mutti möchte sich lieber ausruhen.
Die Kinder sind ganz aufgeregt, als sie durch das große Gittertor eintreten. An einem kleinen Häuschen kauft Vati die Eintrittskarten.

Zuerst kommen sie an einen Teich, wo langbeinige rosa Vögel im Wasser stehen. Das sind Flamingos. "Oh, wie schön die sind!" ruft Anna.

"Sind die nicht vielleicht gefärbt?" fragt Vati. Aber das ist nur ein Scherz. Auf einer Tafel am Zaun stehen die Namen der Tiere. Die schwarz-weiß-grauen Vögel heißen "Kraniche".

Danach kommen wir zu dem Gehege der Eisbären. Einer steht auf dem Felsen und wiegt sich hin und her.

Er sieht sehr schwerfällig aus, aber er kann so schnell laufen, daß er einen Radfahrer einholen würde.

Vati hat am Kiosk ein kleines Büchlein gekauft, in dem Bilder aller Tiere sind. Über jedes steht noch etwas darin geschrieben.

Das Walroß hat Stoßzähne und sieht ein bißchen gefährlich aus, aber der Wärter füttert es mit der Hand und läßt es sogar Mundharmonika spielen.

Noch mehr Tiere aus den kalten Zonen der Erde sehen wir in einer Landschaft aus Felsen und Baumstämmen.

"Zobel", liest Anna, "leben in Sibirien. – Da ist es im Winter sehr kalt", erinnert sie sich, "und aus ihrem Fell werden Pelze gemacht. Arme Zobel!"

Nun kommen sie an einen richtigen kleinen Wald mit sumpfigem Teich. Ein Tier, so groß wie ein Pferd, mit mächtigem Geweih stampft durch den Matsch.

"Elche leben in vielen nordischen Wäldern, früher auch in Deutschland", liest Anna von der Tafel vor. "Nun reisen wir in warme Länder", kündigt Vati an. Ja – wie denn das?

Vati geht auf ein Haus mit Glastür zu. "Tropenhaus" steht darüber. Neugierig folgen die Kinder. Warme, feuchte Luft ist da drinnen wie im Badezimmer, wenn Mutti geduscht hat.

Hier gibt es große grüne Pflanzen und flache Wasserbecken. "Schau mal! Ein winziges Krokodil!" ruft Anna.

Schön gemusterte Wasserschildkröten liegen wie schlafend im Wasser.

Im Terrarium – das ist ein trockenes Gehege hinter Glas – leben bunte Schlangen. "Die sind sicher giftig!" Robin sind sie ein wenig unheimlich.

Habt ihr gedacht, daß Frösche immer grün sind? Die Goldbaumsteiger leben im tropischen Regenwald und klettern auf die Bäume.

In einem Aquarium sieht man herrliche Korallenfische aus den warmen Meeren. Manche leuchten wie kleine Neonröhren.

Das Chamäleon wandert träge auf den Zweigen herum. Es kann alle möglichen Farben annehmen, so versteckt es sich in jeder Umgebung.

In diesem Terrarium gibt es auch Höhlen aus Stein und Baumästen, damit sich die Tiere wohl fühlen. Hier wohnt eine herrlich grüne Smaragdeidechse.

Im dichten Grün flattern Tiere – sind das Schmetterlinge? Nein, Kolibris, die kleinsten Vögel der Welt.

Ein Kolibri ist nicht größer als ein Türschlüssel

Auf einer Holzstange turnen zwei bunte Papageien herum und knacken mit ihren Hakenschnäbeln Sonnenblumenkerne. Manchmal kreischen sie laut.

MALE DIR BUNTE TIERBILDER!

Vielleicht bist du so begeistert von den farbigen Tieren in diesem Buch, daß du Lust hast, sie einmal zu malen! Welche Farben sie haben, das siehst du ja auf den Seiten davor und danach – oder du malst sie an, wie es dir gefällt.

Kennst du Kofferfische und Schleierschwänze? Im Korallenmeer leben die buntesten Arten.

Die Kolibris werden auch "fliegende Edelsteine" genannt. Wenn du sie in deinen schönsten Farben anmalst, verdienen sie den Namen sicher.

Ara-Papageien sind kluge Vögel, die Stimmen nachahmen können. Sie kommen aus Südamerika und sind dort schon selten geworden.

Genau wie bei der Ampel, heißt Rot bei diesem Frosch: "Vorsicht!" Der Goldbaumsteiger ist nämlich giftig.

Das Chamäleon kann alle möglichen Farben annehmen. Male es in den Farben an, die du am liebsten magst!

"Habt ihr euch die Büffel so groß vorgestellt?" fragt Vati. "In Amerika gab es bis vor hundert Jahren riesige Herden."

In dieser Felsenlandschaft liegen die Löwen in der Sonne. Die Jungen spielen gern mit Vaters Schwanzspitze, aber der faucht, wenn es ihm zuviel wird.

Was ist das für ein Felsen? Hier lebt ein Affenvolk. "Schau nur, wie die Kleinen sich balgen und wie sie Kriegen spielen!" ruft Anna.

Die Kleinsten hängen in Mutters Fell und lassen sich huckepack tragen.

Auch die Braunbärin hat Junge bekommen. Sie machen schon Ringkämpfe und knurren.

Schwarzweiße Zebras recken die Hälse nach Annas Brot. "Tigerpferde" hat Robin sie früher genannt.

"Wann kommen denn endlich die Elefanten?" Robin quengelt schon ein bißchen. Langsam werden seine Füße müde. Aber als er die Elefanten sieht, ist er gleich wieder hellwach.

Die kleinsten Elefanten sind ja so niedlich! Sie bewerfen sich mit Sand und schlackern mit dem Rüssel beim Laufen.

Nun sind alle müde und machen sich auf den Heimweg. Das war ein schöner Tag! Die Kinder werden sicher noch die ganze Nacht von den Tieren träumen.

Wenn du gut aufgepaßt hast, weißt du sicher noch alles, was in diesem Buch steht.

Kannst du diese Fragen beantworten?

Die Lösung erkennst du an den kleinen Zeichen.

Mit welchem Verkehrsmittel würdest du nach Amerika reisen?

Zweimal am Tag, das kommt von der Anziehungskraft des Mondes und der Sonne auf die Weltmeere

Vanille, Zimt und Pfeffer – was ist das?

Welcher ist ein Seefisch, der Hering oder der Karpfen?

Fallen dir die Namen von Tieren in diesem Buch ein?

_____
_____
_____
_____
_____
_____
_____
_____
_____
_____
_____
_____

Zur Konfirmation

Was tut Vati im Herbst im Garten?

Den Schnee wegfegen oder -schaufeln und Sand oder Späne streuen

Erzähle, was die Farben der Ampeln bedeuten!

Ein Hase hat längere Ohren und ist größer

- 🔴 Halt!
- 🟡 Vorsicht!
- 🟢 Gehen oder fahren

★ Gewürze

Wie oft gibt es an jedem Tag Ebbe? Und was ist der Grund?

🍁 Er sammelt welke Blumen, fegt das Laub zusammen und tut alles auf den Komposthaufen

Zu welchem Fest besuchen die Gärtners ihre Verwandten auf dem Bauernhof?

eine Meise

Was unterscheidet einen Hasen von einem Kaninchen?

✈ Mit dem Flugzeug oder dem Schiff

⚓ der Hering

Was muß man machen, wenn es geschneit hat und die Wege glatt sind? ❄

Versuch doch mal, Rudolf zu zeichnen!

Welcher Vogel brütet in der Hecke bei den Gärtners?